Verstehst du? 4

*Dialogtraining und Übungen
für erwachsene Leseanfänger*

*Überarbeitete Auflage 2018
Alle Texte und fast alle Aufgaben sind gleich geblieben.*

Gisela Darrah

Zeichnungen: Daniel Neika

Herstellung und Verlag:
BoD - Books on Demand, Norderstedt
ISBN 978-3-7357-3685-7

Inhaltsverzeichnis

1. Die Familie	5
2. Möbel	8
3. Kleinanzeigen	11
4. Die Uhrzeit, offiziell und privat	14
5. In der Schule	16
6. Was hast du gestern gemacht?	20
7. Freizeit	24
8. Der Termin ist dringend!	27
9. Wo ist bitte der Bahnhof?	29
10. Kleidung	31
11. Herzlichen Glückwunsch!	34
12. Im Restaurant, Essen und Trinken	36
13. Plätze in der Stadt	38
14. Gesundheit und Krankheit	40
15. Feste und Feiertage in Deutschland	43
16. Anmerkungen für Lehrende	49

Die Familie

1. Sind Sie verheiratet, Frau Breuer?

2. Ja, seit 12 Jahren.

1. Und haben Sie Kinder?

2. Ja. Ich habe zwei Söhne und eine Tochter.

1. Leben Ihre Eltern und Großeltern noch?

2. Meine Eltern leben noch beide, aber ein Großvater lebt nicht mehr. Ich habe noch zwei Großmütter und einen Großvater.

1. Wie viele Geschwister haben Sie?

2. Wir sind eine große Familie. Ich habe sieben Brüder und zwei Schwestern.

1. Oh! Ich bin leider ein Einzelkind.

2. Und haben Sie denn Kinder?

1. Noch nicht. Aber ich bin schwanger.

2. Wann kommt denn das Baby?

1. Im Mai!

Ist das richtig oder falsch? Wie ist Ihre Meinung? Kreuzen Sie an:

1. Geschwister sind Brüder und Schwestern. r/f
2. Zwei Kinder, das ist eine große Familie. r/f
3. Kinder haben oft vier Großeltern. r/f
4. Alle Menschen haben Geschwister. r/f
5. In China gibt es viele Einzelkinder. r/f
6. Vater und Mutter sind die Eltern. r/f
7. Oma und Onkel sind die Großeltern. r/f
8. Der Vater von meinem Vater ist mein Opa. r/f
9. In Deutschland sind viele Familien groß. r/f
10. Die Tochter ist ein Mädchen. r/f
11. Der Sohn ist ein Junge. r/f
12. Oma und Opa gehen in den Kindergarten. r/f
13. Das Baby liegt im Kinderwagen. r/f
14. Alle Leute sind zuerst klein. r/f

Sprechen Sie über diese Wörter für Familienmitglieder. Ordnen Sie sie dann in Männer und Frauen. Schreiben Sie mit Artikel:

Großmutter, Enkelsohn, Tante, Kusine, Bruder, Großvater, Vater, Onkel, Neffe, Nichte, Schwiegermutter, Schwester, Mutter, Tochter, Sohn, Kusin, Schwiegervater, Schwager, Schwägerin, Enkeltochter

männlich: der

der ....

....

....

....

weiblich: die

die ....

....

....

....

Möbel

1. Was für Möbel hast du im Wohnzimmer, Anette?

2. Also, da habe ich ein großes Sofa und einen Sessel. Vor dem Sofa steht ein Couchtisch. Dann ist da eine Vitrine mit schönen Sachen, zum Beispiel Gläser.

1. Hast du auch einen Esstisch?

2. Nein, der steht bei mir im Esszimmer. Aber ein Fernseher ist natürlich da und ein Bücherschrank. Hast du einen Esstisch im Wohnzimmer?

1. Ja, meine Wohnung ist klein, ich habe kein Esszimmer. Wir essen im Wohnzimmer.

2. Und was für Möbel hast du im Schlafzimmer?

1. Ein Bett, einen Kleiderschrank und eine Kommode. Das ist alles. Mein Schlafzimmer ist auch klein.

Stimmt das? Kreuzen Sie an:

1. Die Kleider hängen im Kleiderschrank.   r/f

2. Alle Menschen essen im Esszimmer.   r/f

3. Manche Menschen essen in der Küche.   r/f

4. Der Fernseher ist ein Elektrogerät.   r/f

5. Die Kommode hat Schubladen.   r/f

6. In der Vitrine ist der Müll.   r/f

7. Der Sessel ist für eine Person.   r/f

8. Das Sofa ist für eine Person.   r/f

9. Auf dem Couchtisch stehen oft Gläser.   r/f

10. Im Bücherschrank stehen Lebensmittel.   r/f

11. Am Esstisch stehen Stühle.   r/f

12. Die Familie isst am Esstisch.   r/f

13. Der Besuch sitzt auf dem Sofa.   r/f

14. Die Kinder schlafen im Kinderzimmer.   r/f

Setzen Sie diese Wörter an den passenden Stellen ein:

Kühlschrank	Sofa	Doppelbett	Kommode
Bücherregal	Waschmaschine	Sessel	Stuhl
Couchtisch		Kinderbett	

1. In der Küche ist ein _____. Dort sind die Lebensmittel.

2. Im Wohnzimmer ist ein ____ und ein kleiner _____.

3. Im Schlafzimmer ist ein großes _____.

4. Im Kinderzimmer ist ein kleines _____.

5. Ich sitze auf dem _____ oder auf dem _____.

6. Die Handtücher und die Bettwäsche sind in der _____. Sie hat viele Schubladen.

7. Die Bücher sind im _____.

8. Wir waschen die Kleidung in der _____.

Kleinanzeigen

Lesen Sie den Dialog. Schneiden Sie dann eine Kopie in Streifen und ordnen Sie:

Guten Tag. Ich habe Ihre Anzeige in der Zeitung gelesen. Sie verkaufen einen Tisch. Ist er noch da?

....

Ja, der Tisch ist noch da.

....

Wie alt ist denn der Tisch?

....

Er ist etwa 6 Jahre alt.

....

Wie groß ist er denn?

....

Die Tischplatte ist 1,40 m mal 0,80 m groß.

....

Ah, ja. Aus welchem Material ist der Tisch? Ist er aus Holz?

....

Aus Kiefernholz. Die Tischplatte ist noch gut.

....

Kann ich den Tisch mal ansehen?

....

Ja, klar. Kommen Sie doch vorbei. Ich bin jetzt zu Hause. Meine Wohnung ist in der Blumenstraße 18.

....

Gut. Bis gleich.

Lesen Sie. Dann schneiden Sie eine Kopie in Streifen und Teile und ordnen Sie zu:

……………………………………………………………………………………

Wie hoch ist der Schrank?

Der Schrank ist 1,80 Meter hoch.   *Die Höhe*

……………………………………………………………………………………

Wie breit ist der Tisch?

Der Tisch ist 0,80 m breit.   *Die Breite*

……………………………………………………………………………………

Wie tief ist das Regal?

Das Regal ist 0,30 m tief.   *Die Tiefe*

……………………………………………………………………………………

Wie alt ist das Sofa?

Das Sofa ist etwa 6 Jahre alt.   *Das Alter*

……………………………………………………………………………………

Wie groß ist die Tischplatte?

Die Tischplatte ist 1,60 m mal 0,80 m groß.   *Die Größe*

……………………………………………………………………………………

Wie schwer ist das Radio?

Das Radio ist 1,50 kg schwer.   *Das Gewicht*

……………………………………………………………………………………

Wie dick ist die Tischplatte?

Die Tischplatte ist 3 cm dick.   *Die Dicke*

Schreiben Sie Sätze wie im Beispiel:

Tisch – Alter: 3 Jahre
Der Tisch ist 3 Jahre alt.

....

1. Schrank – Größe: 1 m mal 1,80 m

....

2. Regal – Breite: 1,20 m

....

3. Kaffeemaschine – Gewicht: 2,3 kg

....

4. Bett – Breite: 1,40 m

....

5. Schrank – Höhe: 2 m

....

6. Waschmaschine – Alter: 2 Jahre

....

7. Auto – Alter: 5 Jahre

....

Uhrzeit, offiziell und privat

Lesen Sie den Dialog. Schneiden Sie dann eine Kopie in Streifen und Teile und ordnen Sie zu:

....

Ich stehe morgens um 6.30 Uhr auf.	Halb sieben.

....

Um 7.15 Uhr gehe ich aus dem Haus.	Viertel nach 7.

....

Meine Arbeit beginnt um 8.30 Uhr.	Halb neun.

....

Wir machen eine Pause um 10.15 Uhr.	Viertel nach 10.

....

Die Mittagspause ist um 11.45 Uhr.	Viertel vor 12.

....

Um 12.15 Uhr arbeiten wir wieder.	Viertel nach 12.

....

Ich mache um 15 Uhr Pause.	Um drei.

....

Um 16.30 Uhr ist Feierabend.	Halb 5.

....

Um 18.30 Uhr essen wir zu Abend.	Halb 7.

....

Erzählen Sie. Ergänzen Sie dann die Uhrzeiten:

Mein Tagesablauf

1. Von Montag bis Freitag:

Um .... Uhr stehe ich auf.

Ich frühstücke um .... Uhr.

Mein Deutschkurs beginnt um .... Uhr.

Um .... Uhr bin ich zu Hause.

Ich koche um .... Uhr.

Dann essen wir um .... Uhr.

Um .... Uhr mache ich Hausaufgaben.

Von .... Uhr bis .... Uhr sehe ich fern.

Ich gehe um .... ins Bett.

2. Am Sonntag:

Am Sonntag stehe ich um .... Uhr auf.

Wir frühstücken um .... Uhr.

Um .... Uhr gehen wir spazieren.

Wir essen um .... Uhr.

Ich gehe um .... Uhr ins Bett.

In der Schule

Lesen Sie den Dialog. Schneiden Sie dann eine Kopie in Streifen und ordnen Sie:

....
1. Eichendorff- Realschule, guten Tag. Anette Möller. Wie kann ich Ihnen helfen?
....
2. Guten Tag. Hier spricht Rukije Tunc. Mein Sohn Erkan geht in die zweite Klasse bei Frau Heizmann. Er ist krank.
....
3. Was hat er denn, Frau Tunc?
....
4. Er hatte gestern einen Unfall beim Fußball. Wir waren schon beim Arzt.
....
5. Gut, ich sage Frau Heizmann Bescheid. Wie lange kann er nicht in die Schule gehen?
....
6. Der Arzt sagt, er kann eine Woche nicht zur Schule gehen. Aber er kann zu Hause Hausaufgaben machen. Vielleicht kann sein Freund Bruno kommen und die Aufgaben bringen?
....
7. Das leite ich so weiter an Frau Heizmann. Dann gute Besserung für Erkan.
....
8. Danke. Auf Wiederhören.
....
9. Auf Wiederhören.
....

Schreiben Sie ein Gespräch mit Ihrem Namen und Ihrer Situation:

1. .... -Schule, guten Tag.

2. Guten Tag. Mein Name ist ....

   Ich bin die Mutter (der Vater) von ....

   Er/ Sie geht in die .... Klasse bei

   ....

   Er/ Sie ist krank.

1. Was hat er / sie denn?

2. ....

   Wir waren schon beim Arzt.

1. Gut, ich sage .... Bescheid. Wie lange kann

   .... nicht in die Schule kommen?

2. Der Arzt hat gesagt, ...

   ....

1. Das leite ich so weiter an .... Gute Besserung

   für ....

2. Danke. Auf Wiederhören.

1. Auf Wiederhören.

Kennen Sie diese Wörter?

der Bleistift, die Kopie, der Spitzer, die Büroklammer,

das Klassenbuch, der Schnellhefter, der Textmarker, das Papier,

der Stuhl, der Kuli, der Farbstift, die Aufgabe, der Tisch, die Pause,

die Lehrerin, der Radiergummi, das Mäppchen, der Schüler,

die Schülerin, die Tafel, das Buch, der Locher

Welche Buchstaben fehlen? Ergänzen Sie:

die Bürokl _ _ _ er   das Kl_ _ _ enbuch

der _ _ _ nellhefter   der Bl _ _ stift

der St _ hl   die Auf _ _ be

die T _ f _ l   das Pap _ _ r

das Buc _   die K _ pie

der Kul _   die P _ _ se

der Spi _ _ er   der _ _ _ üler

der Radier _ _ mmi   die Schü_ _ rin

das Mä_ _ chen   die L _ _ rerin

der Ti _ _ _   der Farbst _ _ t

der Lo _ _ er   der Te _ t marker

Ist das richtig oder falsch? Markieren Sie:

1. Mit dem Radiergummi kann man schreiben.   r/f

2. Die Lehrerin unterrichtet die Klasse.   r/f

3. Die Lehrerin schreibt im Klassenbuch.   r/f

4. Mit dem Textmarker kann man Wörter markieren.   r/f

5. An der Tafel hängen die Jacken.   r/f

6. Die Lehrerin macht eine Kopie.   r/f

7. Im Mäppchen ist Essen und Trinken.   r/f

8. Wir schreiben mit dem Bleistift.   r/f

9. Wir malen mit dem Farbstift.   r/f

10 Wir lernen in der Pause.   r/f

11 Wir sitzen auf dem Tisch.   r/f

12 Die Büroklammer ist aus Metall.   r/f

13 Der Spitzer macht die Bleistifte spitz.   r/f

14 Im Schnellhefter sind die Übungen und Kopien.   r/f

15 Der Kuli heißt eigentlich Kugelschreiber.   r/f

16 Wir lesen im Buch.   r/f

Was hast du gestern gemacht?

Hast du ....

1. Hast du gestern Pizza gegessen?
....

2. Nein, ich habe Börek gegessen.
....

1. Hast du gestern Deutsch gelernt?
....

2. Ja, natürlich habe ich gestern Deutsch gelernt.
....

1. Hast du gestern Memory gespielt?
....

2. Nein, ich habe Fußball gespielt.
....

1. Hast du gestern eine SMS geschrieben?
....

2. Ja, ich habe viele SMS geschrieben.
....

1. Hast du gestern bis 9 Uhr geschlafen?
....

2. Nein. Ich habe nur bis 6 Uhr geschlafen.
....

1. Hast du gestern Obst gekauft?
....

2. Ja, ich habe Bananen und Äpfel gekauft.

Bist du gestern ....?

1. Bist du gestern in die Schule gegangen?

2. Nein, ich war krank.

1. Bist du gestern mit dem Zug gefahren?

2. Ja, ich bin wie immer mit dem Zug gefahren.

1. Bist du gestern zu spät gekommen?

2. Nein. Ich war gestern pünktlich!

1. Bist du gestern spazieren gegangen?

2. Nein. Aber am Sonntag bin ich spazieren gegangen.

1. Bist du gestern Fahrrad gefahren?

2. Ja, ich bin mit dem Fahrrad zur Schule gefahren.

1. Bist du gestern ins Kino gegangen?

2. Nein, ich habe zu Hause einen Film gesehen.

Was passt? Ergänzen Sie:

1. Gestern habe ich Kartoffelsuppe _____ . Sie hat gut geschmeckt.

2. Gestern habe ich von 22 Uhr bis 6.30 Uhr _____ . Dann bin ich aufgestanden.

3. Frau Maier hat ein Buch _____ . Es war sehr interessant.

4. Olga hat ihrem Freund eine SMS _____ .

5. Gestern bin ich mit dem Bus zur Schule _____ . Heute bin ich mit dem Fahrrad gefahren.

6. Ali hat ein Kilo Tomaten _____ .

7. Maria ist heute zu spät in die Schule _____ .

8. Hast du gestern Lebensmittel _____? - Nein, tut mir leid. Der Kühlschrank ist noch leer.

9. Meine Tochter hat gestern mit ihren Puppen _____

10. Bist du gestern in die Schule _____ ? Nein, ich war krank.

11. Ich habe Maria zum Kaffee eingeladen. Um 16 Uhr ist sie dann _____ .

12. Am Sonntag war Muttertag. Wir haben im Restaurant zu Mittag _____ . Dann sind wir im Park spazieren _____ .

Was passt zusammen? Schreiben Sie die Verben im Präsens und im Perfekt:

gehen – kommen – lesen – fahren – essen – lernen – spielen – schreiben – schlafen – kaufen

*Ich bin gefahren. - Ich habe gegessen – Ich habe gekauft -
Ich bin gegangen – Ich habe geschrieben. - Ich habe gelesen. -
Ich habe gelernt. - Ich habe gespielt. - Ich bin gekommen. - Ich habe geschlafen.*

gehen: Ich bin gegangen.

kommen: ....

....

....

....

....

....

....

....

Freizeit

Lesen Sie die Konjugation dieser Verben:

lesen:
ich lese, du liest, er liest, wir lesen, ihr lest, sie lesen

treffen:
ich treffe, du triffst, er trifft, wir treffen, ihr trefft, sie treffen

schlafen:
ich schlafe, du schläfst, er schläft, wir schlafen, ihr schlaft, sie schlafen

Lesen Sie die Dialoge:

....

1. Was machst du gern in deiner Freizeit, Lena?

....

2. Ich spiele gern mit den Kindern.

....

1. Und was machst du gern, Frieda?

....

2. Ich lese gern Bücher oder Zeitschriften.

....

1. Herr Grün, was machen Sie gern in Ihrer Freizeit?

....

2. Ich habe leider nicht viel Freizeit. Ich arbeite viel. Wenn ich frei habe, dann schlafe ich viel.

....

1. Frau Yildiz, was machen Sie denn in Ihrer Freizeit?
....

2. Ich treffe gern Freundinnen. Sie besuchen mich oder ich besuche sie. Wir trinken Tee und essen Kuchen.
....

1. Anna, was machst du gern in deiner Freizeit?
....

2. Ich höre gern Musik und ich tanze.
....

1. Was machen die Kinder gern?
....

2. Sie schaukeln gern auf dem Spielplatz.
....

Schreiben Sie Sätze wie im Beispiel:
Achten Sie auf die Konjugation.

Lena spiel**t** *gern mit den Kindern.*

1. Frieda ....

2. Herr Grün ....

3. Frau Yildiz ....

4. Anna ....

5. Die Kinder ....

Ist das richtig oder falsch für Sie? Was machen Sie gern? Kreuzen Sie an:

1. Ich sehe gern fern.   r/f

2. Ich gehe gern zum Arzt.   r/f

3. Ich mache gern Sport. Besonders Boxen.   r/f

4. Ich koche gern.   r/f

5. Ich lerne gern Deutsch.   r/f

6. Ich schwimme gern.   r/f

7. Ich spiele gern Fußball.   r/f

8. Ich gehe gern spazieren.   r/f

9. Ich treffe gern Freunde.   r/f

Erzählen Sie. Was kann man noch in der Freizeit machen?

Der Termin ist dringend!

2. *Praxis Dr. Hadidi, guten Tag.*

1. *Guten Tag. Mein Name ist Kelmendi. Ich hätte gern einen Termin.*

2. *Ich habe einen Termin für Sie in zwei Wochen. Das ist dann der 25. 06.*

1. *Nein, das geht nicht. Ich habe starke Schmerzen im Knie. Ich möchte das schnell untersuchen lassen.*

2. *Dann müssten Sie aber Wartezeit mitbringen. Wir haben keine Termine mehr frei. Kommen Sie morgen früh und wir sehen, wo wir Sie einschieben können.*

1. *Ja, gut. Vielen Dank. Bis morgen dann.*

2. *Bis morgen.*

Was steht im Dialog? Kreuzen Sie an:

1. Frau Kelmendi möchte einen Termin in zwei Wochen.   r/f
2. Sie hat starke Schmerzen.   r/f
3. Sie kann in drei Tagen kommen.   r/f
4. Sie hat Schmerzen im Kopf.   r/f
5. Morgen sind noch Termine frei.   r/f
6. Sie muss Wartezeit mitbringen.   r/f
7. Sie soll am Nachmittag kommen.   r/f

Ergänzen Sie den Dialog:

1. Guten Tag. Mein Name ist ……………………………

Ich hätte gern ……………………………

2. Ich habe einen ………………… für Sie in drei Wochen.

1. Nein, das geht nicht. Ich habe starke

…………………………

. Ich möchte das schnell ………………… lassen.

2. Na, gut. Kommen Sie morgen. Sie müssen aber

………………………… mitbringen.

1. Danke. Bis morgen.

Wo ist bitte der Bahnhof?

1. Entschuldigung, wo ist bitte der Bahnhof?

2. Da gehen Sie immer geradeaus bis zur Ampel. Dann gehen Sie nach rechts. Dann noch etwa 200 Meter, dann sehen Sie links den Bahnhof.

1. Vielen Dank. Gibt es hier eine Bäckerei in der Nähe?

2. Ja, hier ist eine gute Bäckerei. In der ersten Straße gleich rechts.

1. Super. Dann einen schönen Tag noch.

2. Ihnen auch. Tschüss.

Setzen Sie diese Wörter an den passenden Stellen ein:

| geradeaus – rechts / links – bis zur Ampel – in der Nähe |

1. Gibt es hier einen Supermarkt .... ?

2. Ja, hier gibt es einen guten Supermarkt.

   Gehen Sie immer .... Dann gehen Sie

   nach .... und da sehen Sie den Supermarkt.
....

1. Gibt es hier eine Schule ....?

2. Ja, hier gibt es eine Schule.

   Gehen Sie hier immer .... Dann gehen Sie

   nach .... und da sehen Sie schon die Schule.
....

1. Gibt es hier eine Apotheke ....?

2. Ja, hier gibt es eine Apotheke.

   Gehen Sie immer .... Dann gehen Sie

   nach .... und da sehen Sie die Apotheke.
....

1. Gibt es hier ein Kino ....?

2. Nein, tut mir leid. Hier gibt es kein Kino.

Kleidung

Welche Kleidung passt für Frauen oder für Männer? Oder für beide? Ordnen Sie:

....

der Rock, der Anzug, die Bluse, das Kleid, das Hemd,

die Krawatte, der Bikini, die Hose, der Pyjama, die Sandalen,

das T-shirt, der Mantel, die Jacke, der Pullover, der BH,

die Badehose, der Badeanzug

....

Für Männer: ....

....

Für Frauen: ....

....

Für beide: ....

....

Was tragen Sie heute? Schreiben Sie die Kleidungsstücke:

....

....

Lesen Sie den Text und markieren Sie „richtig" oder „falsch":

Hanna trägt heute ein weißes T-shirt und eine braune Hose. Dazu hat sie eine braune Kette an. Sie trägt auch eine schwarze Uhr und schwarze Sandalen. Es ist Sommer. Im Winter trägt Hanna oft einen roten Pullover und eine schwarze Hose. Dazu eine goldene Kette und braune Stiefel. Es ist kalt, darum hat sie draußen einen schwarzen Mantel an und eine rote Mütze, rote Handschuhe und einen roten Schal.

1. *Im Sommer trägt Hanna oft ein weißes T-shirt.*   *r/f*
2. *Dazu hat sie eine braune Kette an.*   *r/f*
3. *Die Sandalen sind rot.*   *r/f*
4. *Die Uhr ist schwarz.*   *r/f*
5. *Im Winter trägt sie oft einen blauen Pullover.*   *r/f*
6. *Der Mantel ist grau.*   *r/f*
7. *Die Handschuhe sind rot.*   *r/f*
8. *Der Schal ist gelb.*   *r/f*

Welche Farbe passt zu diesen Wörtern? Sprechen Sie und schreiben Sie:

....

der Schnee, das Feuer, das Gras, die Zitrone,

der Baumstamm, die Tomate, die Nacht, die Maus, der Frosch,

der Hase, die Wolken, das Brautkleid, die Sonnenblume,

die Paprika, die Rose, der Apfel

....

Die Paprika ist rot, gelb oder grün.

Der Schnee ist ....

Das Feuer ....

Die Zitrone ....

Das Gras ....

....

....

....

....

....

....

Herzlichen Glückwunsch!

Wir gratulieren! Sandra hat Geburtstag. Sie ist heute 30 Jahre alt. Sie macht eine kleine Party, sie hat ihre Freundinnen eingeladen.

Jetzt kommt Ella. Sie sagt: „Herzlichen Glückwunsch und alles Gute zum Geburtstag!" Sie hat ein Geschenk, es ist ein Buch.

Dann kommt Svetlana. Sie sagt: „Ich wünsche dir alles Gute zum Geburtstag. Bleib gesund und munter!" Auch Svetlana hat ein Geschenk. Es ist ein großer Blumenstrauß.

Nun kommen Fatma und Ayse. Sie sagen: „ Herzlichen Glückwunsch! Viel Glück im neuen Lebensjahr!" Sie haben zusammen ein Geschenk gekauft. Es ist ein Gutschein für den Frisör.

Sandra sagt: „Vielen Dank, das ist aber schön."

Svetlana sagt: „Ihr könnt mir auch gratulieren. Ich bin jetzt verlobt."

Ella sagt: „Ihr könnt mir auch gratulieren. Ich bin schwanger."

Fatma sagt: „Ihr könnt mir auch gratulieren. Ich habe eine neue Arbeit."

Alle sagen: „Herzlichen Glückwunsch!"

Wann kann man noch gratulieren? Sprechen Sie.

Lesen Sie den Text noch einmal und markieren Sie: richtig oder falsch:

1. Sandra wird 40 Jahre alt. r/f
2. Ella schenkt ihr ein Buch. r/f
3. Sandra macht eine große Party. r/f
4. Svetlana sagt: Bleib gesund. r/f
5. Sandra sagt: Vielen Dank. r/f
6. Svetlana sagt: Ich bin verheiratet. r/f
7. Ella sagt: Ich bin schwanger. r/f
8. Fatma sagt: Ich habe eine neue Wohnung. r/f
9. Alle sagen: Herzlichen Glückwunsch! r/f

Was passt? Setzen Sie diese Wörter an den passenden Stellen ein:

verheiratet – verlobt – schwanger – Geburtstag

1. Heute vor 24 Jahren bin ich geboren. Heute ist mein ……………………………

2. Mein Freund hat gefragt: Willst du mich nächstes Jahr heiraten? Ich habe „Ja." gesagt. Jetzt sind wir ……………………………

3. Der Frauenarzt sagt: „Sie bekommen ein Baby". Jetzt bin ich ……………………………

4. Gestern war meine Hochzeit.

   Ich bin jetzt ……………………………

Im Restaurant, Essen und Trinken

....

1. *Guten Tag. Was möchten Sie trinken?*

....

2. *Für mich bitte ein Wasser und für meine Frau eine Apfelsaftschorle.*

....

1. *Groß oder klein?*

....

2. *Beides groß bitte.*

....

1. *Und was möchten Sie essen? Haben Sie schon gewählt?*

....

2. *Ich hätte gern gebackenen Schafskäse und einen Salat. Meine Frau möchte eine Pizza Margarita und auch einen Beilagensalat.*

....

1. *Ja, gern.*

....

Was kann man essen? Was kann man trinken?

Pizza   Orangensaft   Milch   Brötchen   Hähnchen Toast   Croissant

Brezel   Kamillentee   Multivitaminsaft   Obst   Mango   Wein   Kakao

Bratwurst   Blumenkohl   Spinat   Kaffee   Mineralwasser

Apfelsaftschorle   Grapefruit   Kartoffelsuppe   Kuchen   Limonade   Cola

Sprechen Sie: Was ist Essen und was sind Getränke? Was ist süß, sauer, salzig, fett, gesund oder bitter?

Ist das richtig oder falsch? Markieren Sie:

1. Zitronen sind sauer.   r/f

2. Kartoffelsuppe ist süß.   r/f

3. Pizza ist salzig   r/f

4. Bratwurst ist fett.   r/f

5. Limonade ist salzig.   r/f

6. Brötchen sind fett.   r/f

7. Kuchen ist süß.   r/f

8. Grapefruit ist bitter.   r/f

9. Obst ist gesund.   r/f

10. Cola ist gesund.   r/f

11. Hähnchen ist süß.   r/f

12. Kakao ist sauer.   r/f

13. Wein ist manchmal sauer.   r/f

14. Spinat ist gesund.   r/f

Plätze in der Stadt

1. Zuerst muss ich in die Apotheke. Ich muss für meine Mutter Augentropfen holen.

2. Da drüben ist eine Apotheke. Ich muss danach in den Buchladen. Meine Freundin hat Geburtstag, sie liest gern.

1. Gut. In der Bäckerei möchte ich noch ein Brot holen.

2. Danach könnten wir aber in das schöne Eiscafé gehen und einen Kaffee trinken.

1. Oh, ja, super. Sind wir dann mit fertig?

2. Nur noch auf dem Heimweg in den Drogeriemarkt. Ich brauche etwas Kosmetik.

1. Ja, gut. Das machen wir.

Was kann man wo kaufen? Ordnen Sie zu:

Tabletten   Brokkoli   Lippenstift   Käsekuchen
Leberwurst   Augentropfen   Lauch   Hackfleisch
Badeöl   Brötchen   Vitamine   Ananas
Make-up   Brezel   Lammfleisch   Hustensaft
Bratwurst   Kaffeestückchen   Kartoffeln
Hühnerbeine   Tomaten   Handcreme   Brot

Bäckerei: ....

....

Metzgerei: ....

....

Apotheke: ....

....

Gemüsegeschäft: ....

....

Drogeriemarkt: ....

....

Gesundheit und Krankheit

Lesen Sie den Dialog. Schneiden Sie ihn dann in Streifen und ordnen Sie:

....

Praxis Dr. Schwarz, guten Tag.

....

Guten Tag, mein Name ist Bykova. Ich brauche ein Rezept.

....

Für welches Medikament?

....

Das Medikament heißt L-Thyrox 100.

....

Gut. Wir bereiten das Rezept vor. Sie können es dann später abholen.

....

Vielen Dank. Bis später dann.

....

Sprechen Sie: Wie holen Sie ein Rezept?

Lesen Sie den Dialog:

....

Guten Tag, Frau Müller. Wie geht's?
....

Danke, gut. Aber meine Kinder sind so erkältet.
....

Waren Sie beim Arzt?
....

Nein. Ich möchte nicht, dass die Kinder immer Antibiotika nehmen. Was kann ich denn sonst noch machen?
....

Ich kenne einige Hausmittel. Zum Beispiel dämpfen. Da braucht man heißes Wasser und man atmet den Dampf ein.
Die Nase wird dann frei.
....

Das ist gut. Und bei Fieber?
....

Bei Fieber mache ich Wadenwickel. Ein Tuch mit kaltem Wasser wickeln Sie um das Bein. Aber das Tuch immer wieder im kalten Wasser abkühlen.
....

Danke. Das probiere ich.
....

Sprechen Sie: Kennen Sie noch andere Hausmittel gegen Erkältung?

Setzen Sie diese Wörter an den passenden Stellen ein:

....

Ohrentropfen   Rezept   Krankenversicherung

Zahn   gebrochen   Hustensaft   Hausarzt

Arzthelferin

....

1. Lisa ist die Treppe runtergefallen. Ihr Bein tut weh.

   Hoffentlich ist es nicht _____ !

2. Ich muss zum Zahnarzt. Mein ____ tut weh.

3. Ich habe keine Tabletten mehr. Mein Arzt schreibt mir

   ein neues _____ . Damit gehe ich zur Apotheke.

4. Meine Tochter hustet. Sie braucht _____ .

5. Ich gehe zum Arzt. Ich habe eine Karte von der

   _____ .

6. Der Ohrenarzt verschreibt mir _____ .

7. Ich brauche einen Termin bei meinem _____ .

   Ich telefoniere mit der _____ .

Feste und Feiertage in Deutschland

Was passt zusammen?
Schneiden Sie eine Kopie in Streifen und ordnen Sie zu:

....

Ostern

....

Die Kinder suchen Eier.

....

Weihnachten (25. und 26. Dezember)

....

Viele Kerzen brennen.

....

Tag der Deutschen Einheit (3. Oktober)

....

*Jetzt gibt es nur **ein** Deutschland.*

....

Karneval – Fastnacht – Fasching

....

Man trägt bunte Kostüme.
Die Leute lachen und tanzen.

....

Muttertag

....

Die Kinder sagen: „Danke, Mama."

....

Geburtstag

....

An diesem Tag bin ich geboren.

Erntedankfest

Obst und Gemüse ist in der Kirche.
Wir danken Gott für das Essen.

Neujahr

Das neue Jahr beginnt am 1. Januar.

Silvester

Am 31. Dezember feiern die Leute.
Das Jahr ist zu Ende.

Ist das richtig oder falsch? Markieren Sie:

1. Zu Silvester trägt man bunte Kostüme.   r/f

2. Zu Ostern suchen die Kinder Eier.   r/f

3. Zum Muttertag ist das Jahr zu Ende.   r/f

4. Zu Weihnachten brennen viele Kerzen.   r/f

5. Silvester ist am 31. Dezember.   r/f

6. Der Tag der Deutschen Einheit ist am 3. Oktober.   r/f

7. Zum Erntedankfest danken wir Gott für das Essen.   r/f

8. Neujahr ist am ersten Februar.   r/f

9. Ich bin am 4. April geboren. Darum feiere ich jedes Jahr am 4. April Geburtstag.   r/f

10. Zu Fastnacht trägt man bunte Kostüme.   r/f

11. Fastnacht heißt in manchen Gegenden Karneval oder Fasching.   r/f

12. Das neue Jahr beginnt am ersten Januar.   r/f

Lesen Sie den Dialog:

…………………………………………………………………………………………

Hallo, Hatice. Wie geht's?

…………………………………………………………………………………………

Danke, gut. Und dir?

…………………………………………………………………………………………

Mir geht's auch gut, danke. Was machst du zu Silvester? Hast du da schon etwas vor?

…………………………………………………………………………………………

Nein, noch nicht. Warum fragst du?

…………………………………………………………………………………………

Ich möchte dich zu unserer Party einladen. Da kommen auch Sascha und Nicole. Und viele andere Leute.

…………………………………………………………………………………………

Oh, super! Da komme ich gern. Wann fängt die Party denn an?

…………………………………………………………………………………………

So um 20 Uhr.

…………………………………………………………………………………………

Ich könnte ein türkisches Essen mitbringen. Was meinst du?

…………………………………………………………………………………………

Ja, das ist toll. Dann bis Silvester. Tschüss.

…………………………………………………………………………………………

Was passt? Markieren Sie das richtige Wort:

1. Zu Weihnachten bekommen die Kinder Geschenke / Noten.

2. Zu Ostern kommt der Nikolaus / Osterhase.

3. Zu Silvester trinkt man Milch / Sekt.

4. Es gibt nur noch ein Deutschland. Das feiern wir am Tag der Arbeit / Tag der Deutschen Einheit.

5. Das Erntedankfest ist im Frühling / Herbst.

6. Karneval heißt auch Fastnacht / Feiertag.

7. Am ersten Januar ist Schaltjahr / Neujahr.

8. Der Tag, an dem ich geboren bin, heißt Geburtstag / Namenstag.

9. Am Muttertag möchten sich die Kinder bei ihrer Mutter bedanken / entschuldigen.

10. Zum Karneval tragen die Leute Arbeitskleidung / Kostüme.

Welche Feste passen zu diesen Bildern?

Anmerkungen für Lehrende

Dieses Übungsbuch ist eine Fortsetzung von Verstehst du?3 mit neuen Themen.

Zur Neuauflage: *Alle Texte und fast alle Aufgaben sind gleich geblieben, damit Personen mit älteren Bücher mit anderen Personen mit neuen Büchern zusammenarbeiten können.*

Was hat sich verändert?
- *Die Schrift: Das a ist offen (nicht a), was für Leseanfänger günstiger ist.*
- *Die Arbeitsanweisungen sind neu gestaltet.*
- *Bei landeskundlichen Themen erleichtern Zeichnungen die Erklärung des Wortschatzes.*

Das Buch eignet sich als **Zusatzmaterial** *zu Vorkurs oder DaF-Lehrwerk, um den besonderen Bedürfnissen der Leseanfänger gerecht zu werden. Es geht nicht vornehmlich um Grammatik, sondern um lebensnahe Dialoge, Alltagssituationen, Einschleifen von Wortschatz und Redewendungen, korrektes Lesen, Sprechanlässe, geführtes Schreiben.*

Leseanfänger haben Freude daran, die **Dialoge mit verteilten Rollen** *zu lesen.*

Anschließend kann man die kopierten Dialoge dann auseinanderschneiden und wieder passend **zuordnen***. Als dritter Schritt kommt bei einigen Themen das Abwandeln dazu.*

Es sind relevante Themen für A1: Familie, Möbel, Kleinanzeigen, Anruf in der Schule, Kleidung, Feste und Feiertage, Gesundheit und Krankheit, Plätze in der Stadt ...

Für fortgeschrittene Teilnehmer eignen sich die Dialogstreifen auch als **Umdrehdiktat.** *Satz für Satz wird gelesen, umgedreht, geschrieben und dann selbst kontrolliert.*

Wie in den anderen "Verstehst du?"-Übungsbüchern gibt es wieder die richtigen und falschen Aussagen. Genaues Lesen ist hier gefragt.

Die Arbeitsanweisungen und auch Hinweise für die Kursleiter sind diesmal in die Arbeitsblätter eingearbeitet. So zum Beispiel die Aufforderungen zum Sprechen und die Anweisungen zum Schneiden und Puzzeln.

Allen Lehrenden und Lernenden wünsche ich viel Spaß und Erfolg mit diesem Material.

Gisela Darrah